Walter Alison Edwards

Die syntaktischen Gräcismen bei Properz

Walter Alison Edwards

Die syntaktischen Gräcismen bei Properz

ISBN/EAN: 9783744627290

Hergestellt in Europa, USA, Kanada, Australien, Japan

Cover: Foto ©ninafisch / pixelio.de

Weitere Bücher finden Sie auf **www.hansebooks.com**

DIE

SYNTAKTISCHEN GRÄCISMEN

BEI

PROPERZ

VON

WALTER ALISON EDWARDS, A. M.

GENF

Buchdruckerei Moritz Richter

10, Rue des Voirons

—

1889

Meinem Vater

Hon. RICHARD EDWARDS, LL. D.,

gewidmet.

Vorwort.

Das Wort Gräcismus lässt nicht leicht eine genaue Definition zu. Man könnte es auf Konstruktionen beschränken, die mit Bewusstsein von den Römern der griechischen Sprache entnommen wurden, ohne sich dabei auf einheimische Analogie zu stützen. Aber die Zahl solcher ist nur eine beschränkte, und noch dazu geben sie gar keine richtige Idee von dem Einfluss der griechischen Sprache auf die lateinische. Ich habe es desswegen für ratsam erachtet, auch die Konstruktionen in Betracht zu ziehen, die zwar lateinischen Ursprungs sind, aber erst unter griechischem Einfluss ihre Entwickelung resp. Wiederaufnahme fanden. Hierbei aber bin ich nicht bemüht gewesen, den griechischen Einfluss bis in das kleinste hinein zu verfolgen, wie Kühnast in seiner livianischen Syntax dies thut. Denn wenn man bei solchen Untersuchungen über die wenigen Konstruktionen hinausgeht, die von Wichtigkeit sind, so verliert man bald jeden festen Anhaltspunkt und die aufgestellten Behauptungen sind weder zu beweisen noch zu widerlegen. In jeder kleinsten Abweichung von den strengen grammatikalischen Normen des neunzehnten Jahrhunderts einen Gräcismus entdecken, hiesse der lateinischen Sprache die jeder lebenden Sprache zukommende Freiheit absprechen und wäre ebenso unwissenschaftlich wie auch zwecklos. Das Vorkommen derselben Wortfügung in zwei Sprachen ist an und für sich gar kein Beweis dafür, dass die eine Sprache dieselbe der andern entlehnt habe. Dies ist so sonnenklar und unleugbar, dass es überflüssig scheinen könnte, es so hervorzuheben. Dennoch ist es öfters von Forschern auf diesem Gebiete vergessen worden.

Um diese Irrwege zu vermeiden, habe ich mir einige allgemeine Normen aufgestellt, denen ich bei der Beurteilung der einzelnen Fälle gefolgt bin. Das Vorkommen einer gegebenen Wortfügung bei Cato oder in der Sprache der Gesetzgebung ist als endgültiger Beweis ihrer echten Latinität angesehen worden. Dasselbe gilt von geläufigen Konstruktionen bei den Komikern, die ohne weiteres für echt lateinisch anzunehmen sind. In einigen Fällen aber scheint eine der älteren Latinität geläufige Ausdrucksweise aus der gebildeten Sprache zu verschwinden und erst von den Augusteischen Dichtern unter griechischem Einfluss wieder aufgenommen zu werden. Es giebt auch einige der Prosa fremde Konstruktionen, die nur vereinzelt bei Plautus und Terenz vorkommen und von ihnen aus ihren griechischen Originalen genommen worden zu sein

scheinen. *) Diese Dichter entnehmen gelegentlich
dem griechischen Text ein griechisches Wort —
warum nicht auch dann und wann eine griechische
Konstruktion? — Der gelegentliche Gebrauch einer
Wortfügung bei Cicero oder Sallust ist selbstverständlich kein Beweis, dass dieselbe echt römisch
ist, obgleich Gräcismen in der Prosa, Livius und
die späteren natürlich ausgenommen, allerdings nicht
geläufig sind.

Es ist natürlich kein Argument für die Echtheit
einer bestimmten lateinischen Konstruktion, dass
dieselbe im Griechischen selten vorkommt oder gar
poetisch ist. Es ist ja eben die griechische Dichtersprache, welcher sich die römischen Epiker und
Elegiker am engsten anschliessen, und es ist gar
nicht zu verwundern, wenn sie Konstruktionen aus
Homer und Theokrit übernommen haben, die im
Griechischen selbst nur weniger auffallend sind als
im Lateinischen.

Dies sind die Normen, an welche ich mich bei
meinen Untersuchungen ziemlich fest gehalten habe.
Wo sie nicht ausreichten, was öfters der Fall war,
mussten die besonderen Momente genauer in Betracht gezogen werden, und diese haben gelegentlich den Ausschlag gegeben.

Ueber die aus den griechischen Schriftstellern

---

*) Vgl. Kübler, de inf. apud Rom. poetas a nom. adj. apto. Ber-
lin, 1861, p. 4 sq.

angeführten Belege ist ein Wort zu sagen. Wo eine
Konstruktion im Griechischen ganz geläufig ist, habe
ich es für überflüssig erachtet, Beispiele anzugeben.
In den Fällen aber, wo selbst das Griechische mehr
oder minder auffällig scheint, sind die Schriftsteller
selber citiert worden.

Der Vollständigkeit wegen werden im Anhange
die Konstruktionen angeführt, die gewöhnlich als
Gräcismen gelten, die ich aber für echt lateinisch
halte.

Der Text ist der der fünften Haupt'schen Ausgabe der drei Dichter, von Vahlen besorgt (Leipzig,
1885). In den wenigen Fällen, wo eine andere Les
art vorgezogen ist, wird darauf aufmerksam gemacht.
Nach der Zählung dieser Ausgabe werden die Bücher und Elegien citiert.

***

Die Untersuchungen, die hiermit an die Oeffent-
lichkeit gelangen, wurden zu Tübingen unter der
Leitung von Herrn Prof. Dr. Ernst von Herzog, z. Z.
Rector der Universität, angestellt. Ich möchte hier
demselben meinen innigsten Dank ausdrücken für
die freundliche Unterstützung und die gütige Hilfe,
die mir von seiner Seite immer zu Theil geworden
sind, und zu derselben Zeit meiner hohen Verehrung
Ausdruck geben, welche er mir, wie allen, die ir-
gendwie in Berührung mit ihm gekommen sind, stets

eingeflösst hat. Ich schätze es für eine der wert-
vollsten Erfahrungen meines Lebens, dass es mir
vergönnt gewesen ist, für einige Monate als Schüler
ihm zu Füssen zu sitzen.

Ich führe hier nur die von mir am meisten citierten Werke an:

Draeger: Historische Syntax der lateinischen Sprache. Zweite Auflage. Leipzig, 1878.

Kühner: Ausführliche Grammatik der lateinischen Sprache. Hannover, 1878.

derselbe: Ausführliche Grammatik der griechischen Sprache. Zweite Auflage. Hannover. 1870.

K. W. Krüger: Griechische Sprachlehre für Schulen. Fünfte Auflage, besorgt von Pökel. Leipzig, 1875.

Roby: Grammar of the Latin Language. London, 1881—1886.

Holtze: Syntaxis priscorum scriptorum latinorum. Lipsiae, 1861.

Kühnast: Die Hauptpunkte der Livianischen Syntax. Berlin, 1872.

G. T. A. Krüger: Die Attraktion in der lateinischen Sprache. Braunschweig, 1827.

Hoerle: De casuum usu Propertiano. Halis Saxonum. 1887.

Schäfler: Die sogenannten syntaktischen Gräcismen bei den Augusteischen Dichtern. Amberg. 1884.

Postgate: Select Elegies of Propertius. Second Edition. London. 1885.

Hertzberg: Propertii Elegiarum libri IV. Halis, 1843—1845.

Paley: Propertii Carmina. Second Edition. London. 1872.

Inhaltsverzeichniss.

KAPITEL I.

—

Attraktionsartige Konstruktionen.

1. Attraktion aus dem Nominativ in den Vokativ und umgekehrt. Für diese Konstruktion verweist Schäller (S. 56) auf die alt hergebrachte Form *macte* virtute esto. Aber dass aus diesem vereinzelten und fast zu einem Adverb erstarrten Ausdruck die mannigfaltige Anwendung dieser Attraktion bei den Augusteischen Dichtern hervorgegangen sei, ist kaum denkbar. Auch die Thatsache, dass diese Konstruktion nur bei den Augusteischen Dichtern und ihren Nachahmern vorkommt, spricht für den griechischen Ursprung derselben. Ferner, die Attraktion ist überhaupt der griechischen Sprache viel geläufiger als der lateinischen, wo sie doch nie ganz eingebürgert war. Vgl. G. T. A. Krüger, „ Attraktion, " S. 76 ff.; Kühner, lat. Gr. II, S. 191, Anm. 2; Hertzberg zu Properz III, 15, 2; Hoerle, S. 12. Es sind bei Properz folgende Beispiele dieser Konstruktion:

III, 15, 8: sicine, *lente,* jaces?
IV, 22, 30: Nec tremis Ausonias, Phoebe *fugate,* dapes.
I, 7, 24: Ardoris nostri *magne poeta* jaces.
I, 8, 19: Ut te, felici *praevecta* Ceraunia remo,
        Accipiat placidis Oricos aequoribus,
wozu Hoerle, S. 13, zu vergleichen ist.

I, 11, 9: Atque utinam mage te remis *confisa* minutis
Parvula Lucrina cymba moretur aqua,

wo *confisa* mit Vahlen zu *te* zu ziehen ist wegen des
Parallelismus.

Eine umgekehrte Attraktion aus dem Vokativ in den
Nominativ findet sich in folgender Stelle:

II, 6, 19, 20:   .   . tu criminis auctor,
        Nutritus duro, Romule, lacte lupae.

Vgl. Hertzberg ad loc. und G. T. A. Krüger, „Attraktion,“ S. 83.

2. Nominativus cum infinitivo nach verbis sentiendi et
declarandi. Dies ist von allen als ein Gräcismus anerkannt.
Vgl. Kühner, lat. Gr. II, S. 517, 2 ; Draeger II, § 458, S.
446 f. ; G. T. A. Krüger, „Attraktion,“ S. 349, 354 ; Schäfler,
S. 87 f.

IV, 6, 40: Jurabo bis sex *integer* esse dies.

Bei den zusammengesetzten Infinitivformen fällt *esse*
weg und das part. perf. respectiv fut. scheint attributiv
zum Subject gezogen zu werden:

II, 9, 7: *Visura* et quamvis numquam speraret Ulixen.

I, 16, 6: *Pulsata* indignis saepe queror manibus.

Diese Fälle erinnern sehr an die bekannte griechische
Konstruktion des Partizips nach gewissen Verben statt
des Infinitivs (vgl. Krüger, gr. Spr. I, § 56, 6 ff., S. 211 ff.),
aber dass sie als nominativus cum infinitivo zu betrachten
sind, lehrt die oben angeführte Stelle IV, 6, 40, sowie
die zahllos bei Properz vorkommende Auslassung des
verbum substantivum.

Uebrigens sei bemerkt, dass Krüger, wenn er sagt
(„Attraktion“ a. a. O.) „Stellen, in welchen das participium
praesentis auf diese Weise anstatt des infinitivi praesentis

gebraucht wäre, sind uns nicht bekannt," solche Stellen übersehen hat, wie zum Beispiel Hor. Epod. II, 19 gaudet insitiva *decerpens* pira. Dazu aber vgl. Draeger a. a. O., S. 447.

3. Das Verb von dem Prädikatsnomen attrahiert. Die Attraktion, wonach sich ein Verb nach dem Numerus des Prädikatsnomen richtet, ist nach Draeger (I, § 107, S. 180 f.) nicht vorklassisch. Sie findet sich spärlich bei Cicero, schon geläufiger bei Livius und den Dichtern. Bei dieser Entwickelung hat die bekannte griechische Attraktion ohne Zweifel mitgewirkt. Für die lateinische Konstruktion vgl. Kühner, lat. Gr. II, § 12, 7, S. 26; G. T. A. Krüger, „ Attraktion, " S. 56 ff.

V, 1, 14: centum illi in prato saepe senatus *erat*.

V, 3, 6: Aut siqua incerto fallet te littera tractu,
Signa meae dextrae jam morientis *erunt*.

Der Plural *erunt* ist nicht etwa durch den in *siqua littera* steckenden Pluralbegriff zu erklären, denn in den zwei vorangehenden Versen haben wir genau dieselbe Satzfügung aber mit dem Singular in dem Hauptsatze : *siqua*... pars derit, haec *erit*... litura.

III, 16, 46: Haec videam rapidas in vanum ferre procellas,
Quae tibi terra, velim, *quae* tibi *fiat* aqua.

Hier ist auch Attraktion des Relativs zu konstatieren.

IV, 9, 34: Maecenatis *erunt* vera tropaea fides.

III, 14, 24: Haec mihi devictis potior victoria Parthis,
Haec spolia, haec reges, haec mihi currus *erunt*.

In V, 1, 10 Unus erat fratrum maxima regna focus, ist *focus* und nicht *regna* das Subject.

4. Attraktion des Relativs. Kühner (lat. Gr. II. § 193, 9, S. 846) unterscheidet nicht scharf genug zwischen der griechischen Attraktion des Relativs, die im Lateinischen nur selten auftritt, und den scheinbaren Attraktionsfällen, die nur auf einfacher Ellipse ruhen. Letzterer Art ist das von Kühner angeführte Livianische Beispiel 32, 10, 5 arbitro, *quo* (sc. se uti) vellent populorum, cum quibus pax utrisque fuisset, se usurum. Vgl. Kühnast, S. 191 f. In Prop. III, 26, 5 vidi te... *qualem* purpureis agitatam fluctibus *Hellen* ist die Annahme einer Ellipse unmöglich. Wir haben es hier zu thun mit einer einfachen Nachahmung der bekannten griechischen Attraktion bei οἷος (Krüger, gr. Spr. I, § 51, 10, Anm. 6, S. 137). Als Beleg wird Verg. Aen. XI, 67 f. angeführt:

Hic juvenem agresti sublimem stramine ponunt,
Qualem virgineo demessum pollice *florem*.

KAPITEL II.

—

Genitiv.

1. Genitivus epexegeticus. Eine eigentümliche Erscheinung im Lateinischen ist der Gebrauch eines abstrakten Substantivs mit dem Genitiv der Person statt eines mit dem die Person bezeichnenden Substantiv congruirenden Adjektivs. Diese Konstruktion ist wohl dem Griechischen entlehnt. Denn sie widerspricht der bekannten Neigung der Römer, alles möglichst konkret darzustellen, einer Neigung, die in solchen Phrasen, wie *ab urbe condita* statt *a conditu urbis* und derartigem Ausdruck findet. Die Urquelle dieser Ausdrücke ist wahrscheinlich die Homerische Redeweise βίη Πριάμοιο etc. Vgl. Draeger I, § 202, 3, S. 467; Kühner, lat. Gr. II, § 66, 2, S. 181 f. Die Properzianischen Stellen sind bei Hoerle (S. 79) aufgezählt. Da ist folgendes hinzuzufügen:

IV, 21, 28: *librorumque* tuos, docte Menandre, *sales*, (= tuos salsos libros).

III, 34, 1: Cur quisquam *faciem dominae* jam credit amico?

(= pulchram dominam).

V, 7, 58: mentitae lignea *monstra bovis*.

Und mit einem Adjektiv statt des Genitivs:

IV, 19, 15: fuit *patria* succensa *senecta*... Myrrha, (für sene patre).

Auffällig ist aber, dass diese Konstruktion von den Komikern fast ausschliesslich in Schimpfwörtern gebraucht wird (scelus viri, monstrum mulieris, etc.), wo man gerade einheimisches erwartet. Vgl. Holtze I, S. 8, 340. Für den griechischen Ursprung aber sprechen andere Varietäten derselben Konstruktion, die ohne Zweifel dem Griechischen entnommen sind. Diese sind gewöhnlich unter dem Namen genitivus appositionalis zusammengefasst. Vgl. Draeger I, § 202, 1 u. 2, S. 466 f; Kühner II, § 83, 4, S. 307 f.; Holtze I, S. 7; Kühnast S 74. Diese Konstruktion ist, wie gesagt, mit der eben besprochenen eng verwandt, doch mit einem Unterschied. In jener enthält nämlich das regierende Wort den Hauptbegriff und lässt sich in ein Adjektiv auflösen. Hier dagegen ist ein ganz richtiges Appositionsverhältniss zu konstatieren. Auch lässt sich über den Ursprung der ersteren streiten, aber die Entstehung der letzteren aus dem Griechischen leuchtet ein. Hoerle (S. 78 f.) führt die Properzianischen Stellen an, wo aber noch hinzuzufügen sind:

III, 13. 47: longaevae *fata senectae.*

I, 19, 17: longae *fata senectae.*

III, 28, 26: illa *sepulturae fata* beata tuae.

In allen diesen Fällen sind eben die *fata* die *senecta* resp. die *sepultura.*

IV, 1, 32: Troja bis Oetaei *numine* capta *dei.*

IV, 4, 8: et solitum armigeri ducite *munus equi.*

IV, 14, 26: longae nulla *repulsa morae.*

Auch fehlt bei Hoerle IV, 5, 26:

Quis deus hanc *mundi* temperet arte *domum.*

Dagegen in III, 10, 16 Et *domus* intactae te tremit *Arabiae* ist domus = penetralia zu verstehen. Diese beiden Stellen sind bei Hoerle S. 78 citiert.

2. Genitiv von einem Adjektiv abhängig. Hoerle (S.82 f.) citiert die wenigen Fälle, wo Properz einen Genitiv mit einem Adjektiv verbindet. Diese sind meistens nicht auffällig, nur bei einem ist vielleicht griechischer Einfluss zu konstatieren :

I. 16, 2 : Janua Tarpeiae *nota pudicitiae*,

das heisst, berühmt wegen. Bei Kühner (lat. Gr. II, § 85, b, S. 321) und Draeger (I, § 206, 4, S. 481) sind nur noch Horaz (Od. II, 2, 6) Statius und Silius für diese Konstruktion mit *notus* citiert. Im allgemeinen kann man auch Roby 1320, 1321 und Kühnast S. 73 vergleichen. In IV, 13, 64 fallacem patriae serpere dixit equum ist *patriae* Dativ, obgleich *fallax*, allerdings in einem andern Sinne, schon bei Tacitus mit dem Genitiv steht. In IV, 13, 39 und IV, 18, 32 hat man unnötigerweise ein adjektivum cum genitivo hinein corrigiert. In beiden Stellen ist mit Vahlen die Lesart der Handschriften beizubehalten.

3. Genitiv nach Ausdrücken der Fülle und des Mangels. In zwei Stellen steht nach griechischem Muster ein Genitiv, wo wir eher den Ablativ erwarten würden :

III, 10, 12 : magni nunc erit *oris* opus.

Vgl. Draeger I, § 249, 1, S. 571; Kühner, lat. Gr. II, § 81, Anm. 8, S. 286. Vgl. die griechische Konstruktion mit ἔργον.

V, 9, 35 : *fontis* egens erro.

Draeger I, § 239 h, S. 559; Kühner, lat. Gr. II, § 86, 8, S. 342. *Egeo* kommt vereinzelt in allen Zeitaltern mit dem Genitiv vor und den Gebrauch könnte man mit Draeger (a. a. O. S. 557) auf *plenus* zurückführen, genauer entspricht aber der griechische Genitiv nach verba copiae et inopiae.

4. Genitiv mit Interjection.

V, 7, 21 : *foederis heu* taciti. Draeger I, § 212, S. 494; Kühner, lat. Gr. II, § 83, 3, Anm. 1, S. 305; Krüger, gr. Spr. I, § 47, 3, Anm. 2. Auf φεῦ mit dem Genitiv braucht nicht verwiesen zu werden. Die einzige andere lateinische Stelle scheint Catull IX, 5 o mihi *nuntii* beati zu sein.

KAPITEL III.

—

Dativ.

Bei dem Dativ schicke ich die Bemerkung voraus, dass derselbe seinem ursprünglichen Sinne nach Aenderungen in der Bedeutung und poetische Freiheiten im Gebrauche eher zulässt, als die andern Kasus. Man muss daher auf der Hut sein, um nicht ganz natürliche Entwickelungen dieses ursprünglichen Sinnes mit Gräcismen zu verwechseln.

1. Dativus auctoris. Dass der freiere Gebrauch des dativus auctoris bei einfachen Verbformen dem griechischen Einfluss zuzuschreiben ist, unterliegt keinem Zweifel. Vgl. Draeger I, § 189, S. 428; Kühner, lat. Gr. II, § 76, 8 d, S. 239; Tillmann, „de dativo verbis latinis subjecto" in den Acta sem. phil. Erl. Vol. II, pp. 73, 96 sq. Erlangen 1880. — Hoerle (S. 46) führt die Properzianischen Stellen an.

2. Dativ nach verbis pugnandi. Schäfler (S. 47) versucht nachzuweisen, dass diese Konstruktion eine echt lateinische ist. Aber erstens hat er doch nicht einen genau parallelen Beleg in der vorklassischen Latinität gefunden, und zweitens bilden die anderen Gründe, die er anführt — der Einfluss der sinnverwandten zusammen-

gesetzten Verba auf die einfachen, der Zwang des Metrums, etc. — nicht einen festen logischen und grammatischen Boden, worin die neue Konstruktion wurzelt, sondern nur Veranlassungen zu der Uebernahme derselben aus dem Griechischen. Der in Rede stehende Dativ wird von keinem klassischen Prosaiker gebraucht. Er tritt zuerst bei Catull auf. — Der griechische Dativ nach μάχομαι etc., ist bekannt. — Vgl. Draeger I, § 184, S. 406; Kühner, lat. Gr. II, § 76, 6 b, S. 234. Für die Stellen, wo Properz diesen Dativ gebraucht, verweise ich auf Hoerle, S. 41 f.

3. Dativ nach pendeo, jungo, etc. Der Dativ in lokalem Sinne nach diesen Verben erinnert an die griechische Konstruktion nach ἅπτομαι etc. Vgl. Kühnast S. 132; Kühner II, § 76, 6 f, S. 235; derselbe, gr. Gr. II, § 426, 1, S. 383. Properz gebraucht diese Konstruktion nach pendeo, jungo. Nach anderen sinnverwandten Verben, necto, haereo, etc.. kommen nur Formen vor, die ebenso gut Ablativ sein können als Dativ. Sämmtliche Stellen findet man bei Hoerle, S. 41 f., 70.

4. Defendo cum accusativo et dativo. Dem griechischen ἀμύνω, ἀρκέω, etc., mit dem Accusativ und dem Dativ ist mit Kühner (lat. Gr. II, § 76, 6 d, S. 235; gr. Gr. II, § 423, 20, S. 363) folgendes zuzuschreiben:

> I, 16, 9: nec possum infamis *dominae* defendere noctes.
> I, 20, 7, 11: *huic* tu... nympharum semper cupidas defende rapinas.

Für *huic* in der letzteren Stelle bieten die Handschriften *hunc*, was beizubehalten ist nur wenn man mit Hertzberg und Vahlen V. 11 das von den interpolierten Handschriften gebotene *cupidis... rapinis* aufnimmt. Die Entstehung der Lesart *cupidas... rapinas* aus einem ursprünglichen Ablativ wäre allerdings wegen der Nähe des Verbs *defendere* leicht zu erklären. Aber die Aenderung von *hunc* in *huic* ist noch leichter und die also hergestellte Wortfügung wird durch die oben citierte Properzianische Stelle unterstützt, wie auch von Verg. Georg. III, 154 (von Paley zu unsrer Stelle angeführt): hunc quoque... arcebis gravido pecori.

5. Dativ des räumlichen Ziels. Den Dativ nach Verben der Bewegung erklärt Schroeter („ der Dativ zur Bezeichnung der Richtung in der lateinischen Dichtersprache, " Jenaer Dissertation) als aus einem ursprünglichen lokativen Gebrauch hervorgegangen, und Draeger (I, § 188, S. 427) stimmt ihm bei. Dem sei wie ihm wolle, zweifellos bleibt doch, dass bei der Anwendung dieser Konstruktion die Augusteischen Dichter von ihren griechischen Vorbildern stark beeinflusst waren. Vgl. Kühner, lat. Gr. II, § 76, 6 g, S. 235 f.; Schäfler S. 50 ff. Es sind folgende Fälle bei Properz zu unterscheiden:

a) Nach *fero* fast in der Bedeutung „geben" (vgl. φέρω τί τινι) ist an dem Dativ der Person kein Anstoss zu nehmen: vgl. II, 6, 8 oscula nec desunt qui *tibi* jure *ferant* und V. 11 me laedit si multa *tibi dedit* oscula mater, obgleich in drei Stellen die Idee der Bewegung hervorgehoben und der Accusativ mit *ad* verlangt zu sein scheint:

I, 20, 49, 50: . . at *illi*
Nomen *ab extremis fontibus* aura refert.

III, 24, 26: Et *tibi ab hesperio* mala *dracone* ferat.

IV, 8, 29, 30: . . . . *Graia per arma*
Tyndaridi poterat gaudia ferre suae.

Geläufig ist der Dativ des Gottes nach *fero* vom Darbringen eines Opfers, wie III, 13, 26 quos ego *Per-*

sephonae maxima dona feram. Vgl. III, 16, 4 Ah Neptune, *tibi* qualia dona *darem!* Daraus erklärt sich der Gebrauch des Dativs der Sache, wo letztere wohl persönlich gedacht ist:

III, 19, 13: Atque ibi rara feres inculto tura *sacello.*

V, 3, 71: armaque . . . tulero *portae* votiva Capenae,

womit Streifingers (de syntaxi Tibulliana, Wirceb. 1881) Citat aus Tibull (II, 6, 31) dona *sepulcro*. . . feram zu vergleichen ist.

Schon auffälliger ist der Dativ der Sache in 1, 3, 35:

Tandem te nostro, referens injuria *lecto*
Alterius clausis expulit e foribus?

(vgl. III, 33, 41 *lecto recipit* se, und Verg. Aen. VI, 152 *Sedibus* hunc refer ante suis), und in III, 18, 18:

Et canae totiens oscula ferre *comae.*

(Vgl. II, 6, 8, 11, oben citiert.)

Wohl in demselben Sinne wie fero = geben sind die Verba aufzufassen in folgenden Stellen:

1) der Dativ der Person:

III, 23, 21: [puellae] quas *mihi misit* Orontes.

III, 33, 4: Atque utinam pereat Nilo quae sacra tepente
Misit matronis Inachis *Ausoniis!*

wo die Idee der Bewegung durch den Ablativ des Woher *(Nilo)* hervorgehoben wird.

2) Der Dativ einer Sache:

II, 1, 66: Tantaleae poterit *tradere* poma *manu.*

Tantaleae manu = Tantalo in manum. Vgl. I, 3, 24 nunc furtiva cavis poma *dabam manibus.*

III, 25, 47: una [femina] tuis insomnia *portet ocellis.*

b) Nach andern Verben, wo der Begriff der Bewegung mehr hervortritt:

1) Dativ der Person. Hier führe ich alle Stellen an, die ich notiert habe, ohne zu übersehen, dass einige eine andere Erklärung zulassen.

Erstens ist die Konstruktion nicht so befremdend, wo das Verb im übertragenen Sinne steht:

III, 13, 50: o mors, cur *mihi* sera venis?

III, 22, 2: scis *mihi*. . . . multa venire mala.

I, 9, 1: Dicebam *tibi* venturos, irrisor, amores,
Nec tibi perpetuo libera verba fore.

Wegen des Parallelismus ist *tibi* hier zweifellos zu *venturos* und nicht zu *dicebam* zu ziehen.

V, 4, 56: Dos *tibi* non humilis prodita Roma venit.

I, 14, 11: Tum *mihi* Pactoli veniunt sub tecta liquores.

I, 15, 8: ut formosa novo quae parat ire *viro*.

III, 22, 46: *speranti* subito siqua venire negat.

III, 28, 15: sed *tibi*... extremo veniet mollior hora die.

I, 6, 35: tum *tibi* siqua mei veniet non immemor hora.

Zweitens im eigentlichen Sinne ist dieser Gebrauch schon seltener:

I, 20, 32: Hylas ibat *hamadryasin*.

V, 11, 102: . . . . sim digna merendo,
Cujus honoratis ossa vehantur *avis*.

Vgl. Cic. ad Fam. VIII, 4, 5 de pantheris [cura] ut *mihi* vehantur.

V, 1, 148: licet *armatis* hostis inermis eas.

Hier kann man den Dativ von dem ganzen Ausdruck *hostis eas* abhängen lassen (vgl. S. 16).

IV, 16, 1: *mihi* venit epistola.

III, 19, 28 : .   . memento,

    Venturum paucis me *tibi* luciferis.

III, 23, 20 : hodie vir *mihi* rure venit.

Hier ist wieder der Begriff der Bewegung durch den Ablativ des Woher (*rure*) betont.

III, 31, 1 : Quaeris, cur veniam *tibi* tardior.

I, 11, 25 : seu tristis veniam seu contra laetus *amicis*.

2) Dativ einer Sache. Erstens, bildlich :

IV, 4, 5 : Ausoniis veniet provincia *virgis*.

IV, 11, 29 : nostris opprobria vexerit *armis*.

II, 1, 77 : taliaque inlacrimans mutae jace verba *favillae*, wo allerdings favillae zu inlacrimans gezogen werden könnte, wogegen aber die Wortstellung zu sprechen scheint. Vgl. II, 8, 16 *in* nostrum jacies verba superba *caput?* Vgl. S. 41. In III, 13, 45 Nam quo tam dubiae servetur spiritus *horae?* haben wir auch den Dativ der Sache, wo wir eigentlich den Accusativ mit *ad* oder *in* erwarten. Aber vgl. Verg. Aen. I, 207 vosmet *rebus* servate secundis ; auch bei Cicero findet sich dieser Dativ.

Zweitens im eigentlichen Sinne :

III, 33, 41 : *lecto* recipit se.

II, 3, 32 : Post Helenam haec terris forma secunda redit.

IV, 13, 17 : mortifero jacta est fax ultima *lecto*.

Vgl. II, 1, 77 und 8, 16 oben citiert.

I, 15, 29 : muta... vasto labentur flumina *ponto*.

Ibid., 36 : hos [ocellos] tu jurabas... ut tibi suppositis

    exciderent *manibus*.

Hierher zieht Schäfler (S. 53) auch II, 1, 75 Si te forte meo ducet via proxima *busto,* wo aber *busto* von *pro-*

xima abhängt. Denn sonst hat *proxima* keinen Sinn.
Auch die Wortstellung spricht für diese Auffassung.

I, 14, 5 behält Rothstein (Hermes 1889, Bd. XXIV,
S. 17 f.) die überlieferte Lesart bei mit Aenderung des
in von *intendat* in *ut*, liesst also: Et nemus omne satas
ut tendat vertice silvas. Er vergleicht V, 1, 125 scanden-
tisque Asisi consurgit vertice murus und nimmt in beiden
Fällen *vertice* als Dativ der Richtung = „ gen Himmel "
auf, wobei er zu vergessen scheint, dass die altertüm-
liche Dativendung *e* erst in der späten Kaiserzeit kurz
auftritt. Sonst ist es immer lang. Vgl. Kühner, lat. Gr. I,
§ 67, 2, S. 196 f., und Hertzberg zu Prop. V, 8, 10.

6. Dativ statt eines Genitivs von einem Substantiv
abhängig. Für diesen Gebrauch vgl. Roby 1154 und besonders 1155, wo er bemerkt, „The difference between
the genitive and dative in such expressions is analogous
to that between an attributive and predicative adjective."
Denn dieser Dativ gehört eigentlich zu dem Prädikat
und in der That ist er in vielen Fällen, die man hier un-
terbringen will, zu dem Verb zu ziehen und gar nicht zu
dem Substantiv. Das Griechische konnte mittelst seines
Artikels den Dativ ebenso wie präpositionelle Phrasen
(vgl. S. 26, 27) ohne Zweideutigkeit attributiv gebrauchen,
und diese Freiheit finden wir erst im klassischen Latein
nachgeahmt, allerdings nur spärlich, denn nur bei den
Dichtern und den späteren Prosaikern ist diese Konstruktion geläufig. Für die Properzianischen Stellen verweise ich auf Hoerle, S. 44, wo aber folgende Beispiele
fehlen:

V, 1, 55: Optima *nutricum* nostris lupa Martia *rebus.*
        Qualia creverunt moenia lacte tuo!
IV, 15, 39:   . . *tibi gloria* Dirce
        Ducitur in multis mortem habitura locis.

III, 19, 10: Illic te nulli poterunt corrumpere ludi
Fanaque *peccatis* plurima *causa* tuis.

V, 5. 6:   Concordique *toro* pessima semper *avis*,
Penelopen quoque. . . nubere. . . cogeret.

In diesen Stellen kann der Dativ unmöglich zu dem
Verb gezogen werden, denn das Substantiv, dem er im
Gedanken zugehört, steht in keiner unmittelbaren Verbindung mit dem Verb, sondern ist in der ersten Stelle
als Vokativ ganz unabhängig, in den anderen dem Subject appositionell zugefügt. Vgl. andrerseits II. 4, 17 hostis siquis erit nobis, wo *nobis*, genau genommen, von
dem Verb *erit* abhängt, oder wenn man will, von dem
ganzen Ausdruck *hostis erit* (vgl. S. 13), und so gewöhnlich in den Stellen wo man einen dativus pro genitivo
konstatieren will. — Uebrigens irrt sich Kühner (lat. Gr.
II, § 77, 4, Anm. 5, S. 255 f.), wenn er in diesem Dativ
immer einen Dativ des Zwecks erkennen will. Schon
Stellen, die er selber anführt (zum Beispiel aeneum *pec-
tori* tegumen) widerlegen seine Annahme. Vgl. ferner
Draeger I, § 194, S. 440 ff.; Kühnast S. 119 f.

KAPITEL IV.

—

Accusativ.

1. Accusativus Graecus. Dieser ist bei Properz ziemlich zahlreich vertreten und steht sowohl bei Adjektiven wie auch bei participia passivi und Verben. Hoerle (S. 24 f.) citiert 23 Stellen, aber es kommen noch hinzu III, 20, 9 Me licet aeratis adstringant *bracchia* nodis und V, 4, 72 Strymonis absciso *pectus* aperta sinu. Schäller (S. 8—26, 31 35) behandelt diese Konstruktion ausführlich.

2. Juro cum accusativo.

V, 7, 51 : Juro ego fatorum nulli revolubile *carmen*
. . me servasse fidem,

statt *per carmen ;* vgl. ὄμνυμι θεόν statt πρὸς θεόν. Krüger, gr. Spr. I, § 46, 6, Anm. 4, und Kühner, lat. Gr. II, § 70, 3, S. 198. — I, 15, 35 hos [ocellos jurabas. . . ut tibi exciderent ist für einen Anticipationsfall anzusehen (vgl. Anhang S. 45). — Dieser Accusativ nach *juro* statt *per* mit dem Accusativ kommt ganz vereinzelt bei Cicero und den Dichtern vor. Darüber vgl. Overholthaus, Syntaxis Catull., Gottingae 1875, p. 24 ; Hoerle, pp. 20 u. 21 marg. Ebert (Syntaxis Fronton. in Acta sem. phil. Erl., p. 317) citiert Fronto p. 49, 8 Adjuro tamen tibi meam,

meae matris, tuam salutem, obgleich bei Fronto wir eher
Archaismen als Gräcismen erwarten.

3. Accusativ nach Verben des Affekts. Verba des
Affekts haben gelegentlich schon in der älteren Latinität
(Holtze I, pp. 189 f., 244) den Accusativ der Person resp.
der Sache bei sich. In der klassischen Zeit aber breitete
sich dieser Gebrauch sehr aus, besonders bei den Dichtern. Ueber diese Fälle sagt Schäfler (S. 28) ganz richtig
„Wiewohl ihre Latinität ausser allem Zweifel steht, so
ist doch der Einfluss der griechischen Muster auf die
Ausdehnung dieses Gebrauches keineswegs in Abrede
zu stellen." Vgl. auch Kühner, lat. Gr. II, § 70, 2, S. 195;
Draeger I, § 164, S. 358 ff. Was bei unsrem Dichter
derartiges sich vorfindet, hat Hoerle S. 19 f. gesammelt.
Darunter ist wenigstens ein Fall, wo der griechische
Einfluss deutlich hervortritt: III, 24, 52 sed tu potius
precor ut *me* demissis *plangas* pectora nuda comis.
Vgl. κόπτεσθαί τινα und Krüger, gr. Spr. II, § 46, 11, Anm. 2;
Kühner, gr. Gr. II, § 409, 5), S. 256.

Vielleicht auch I, 13, 23:

> Nec sic caelestem *flagrans* amor Herculis *Heben*
> Sensit ab Oetaeis gaudia prima rogis.

Amor Herculis = amans Hercules. Dieses nämliche Verb
kommt sonst bei Properz mit dem Ablativ vor nach der
Analogie von *perditus* etc.:

> II, 3, 33: *Hac* ego nunc mirer si flagret nostra ju-
> ventus?
> IV, 19, 13: flagrans Salmonis *Enipeo*.

KAPITEL V.

—

Ablativ.

1. Manare etc., mit dem Ablativ. Das griechische ῥεῖ etc., mit dem Dativ hat Properz in folgenden Stellen nachgeahmt:

IV, 17, 31 : Levis odorato cervix manabit *olivo.*
IV, 22, 2 : fluit Isthmos *aqua.*
IV, 17, 17 : purpureo spument mihi dolia *musto.*

Vgl. Kühnast S. 162; Draeger I, § 233, S. 552 f.; Kühner, lat. Gr. II, § 81, 6, S. 283 f.; Hoerle S. 53. Solche Verba finden sich in der vorklassischen Zeit mit dem Ablativ ganz vereinzelt vor, und in der klassischen Prosa sind sie selten. ῥεῖ kommt allerdings auch mit dem Genitiv des Materials vor (vgl. Krüger, gr. Spr. I, § 47, 16, Anm. 8), und demnach könnte man geneigt sein, hier an den Ablativ der Fülle zu denken. Aber ἵει, ἱδρόω etc. mit dem Dativ und die Analogie von *pluit* scheinen auf ein instrumentales Verhältniss zu deuten.

2. Ablativ mit *in* von der Kleidung. In der besten Latinität wird der blosse Ablativ oder der Ablativ mit

cum von der Kleidung gesetzt. Vgl. Draeger I, § 225, 2, S. 538 f. Wenn nun Properz sagt V, 2, 38 ibo mundus demissis institor *in tunicis*, so ist ohne Zweifel der Ursprung dieser Konstruktion in solchen Wortfügungen zu suchen, wie ἐν ἐσθῆτι. etc. Die Properzianischen Stellen findet man bei Hoerle. S. 62.

KAPITEL VI.

—

Präpositionen.

1. Es finden sich viele Fälle bei Properz, wo bei einem Verb der Ruhe eine Präposition steht, die eine Bewegung voraussetzt. Die Erklärung ist natürlich in dem prägnanten Gebrauch des Verbs zu suchen. Die Konstruktion ist im Griechischen in gewissen Fällen fast zu einer Regel geworden. Vgl. Kühner, lat. Gr. II, § 114, S. 428 ff.; Kühnast S. 188 ff. und 173.

III, 17, 6: Ut liquor arenti *fallat ab ore* sitim,

„weicht von seinem Munde und täuscht seinen Durst."

I, 13, 24: [Hercules] *sensit ab* Oetaeis gaudia prima
rogis.

Das *ab* ist statt des überlieferten *in* von Scaliger eingesetzt worden, der sagt „nam ab Oetaeis rogis in coelum venit ubi Heben accepit."

I, 5, 26: Quam cito *de* tanto *nomine* rumor *eris!*

Postgate citiert Just. III, 2, 2 fiunt de uno populo duo corpora, wo aber *fiunt* steht, das ja in sich den Begriff des Werdens, der Bewegung einschliesst, der nur in denjenigen Formen des verbum substantivum gelegentlich erscheint, die von der Wurzel *fu-* abgeleitet sind. Vgl. Kühner, lat. Gr. I, § 194, Anm., S. 519. Beispiele findet man bei Properz: III, 13, 28 nec *fueris* nomen lassa vocare meum: das heisst, *facta eris*, müde werden — und sonst.

III, 12, 10: Et pharetra *ex umero* Gnosia utroque *jacet.*

IV, 14, 5: pila velocis *fallit per bracchia* jactus, d. h. gleichermassen ist unbemerkt, indem er durch die Hände fällt.

III, 32, 23: de te nostras me *laedit ad aures* rumor, wo die Ausgeber unnötigerweise allerlei Aenderungen vorgenommen haben.

II, 9, 12: *adpositum in Simoenta.*

IV, 9, 60: ferar *in partes* ipse *fuisse* tuas.

IV, 24, 19: tua me *in sacraria dono.*

IV, 19, 16: Arboris *in frondes condita* Myrrha novae.

Condere wieder mit *in* und dem Accusativ II, 1, 42: V, 4, 70. Mit dem Ablativ II, 6, 32 jurgia *sub* tacita *condita laetitia,* und III, 20, 10. Vgl. Kühnast S. 173, und für diesen Gebrauch von *in* Roby II, p. 397, marg.

Es kommt umgekehrt nur ein Beispiel vor, wo der Ablativ nach einem Verb der Bewegung steht: I, 20, 47 prolapsum leviter facili *traxere liquore,* wobei offenbar dem Dichter die Theokriteische Stelle vorschwebte: XIII, 51 ἥρπαϲεν ἐν πόντῳ. Vgl. Schroeter, „ der Dativ der Richtung,‟ S. 11. — Vielleicht könnten einige von den S. 11-15 angeführten Dativen auch als Ablative erklärt werden.

2. Für adjektivisch gebrauchte präpositionelle Phrasen vgl. S. 26, 27.

KAPITEL VII.

—

Adjektiva, etc.

1. Substantivierte Adjektiva. Die Substantivierung von Adjektiven ist selbstverständlich ein echt lateinisches Verfahren, nur in der ungemein grossen Zahl der in der klassischen Zeit als Substantiva gebrauchten Adjektiva ist vielleicht der griechische Einfluss zu finden. Properz hat diesen Gebrauch in sehr ausgedehntem Masse; besonders häufig stehen bei ihm substantivierte Adjektiva im Vokativ. Ich führe einige Neutra an, die zu der Klasse gehören, worüber Draeger I, § 24, S. 59) sagt: "Dass in allen diesen präpositionalen Verbindungen der Einfluss des Griechischen mitgewirkt hat, zeigen nicht bloss Analogien wie ἐξ ἴσου, ἀγχιμόλου, ἐκ τοῦ φανεροῦ, etc., sondern es spricht auch dafür die grössere Ausdehnung des Gebrauches seit der klassischen Zeit."

I, 17, 9: Tu tamen *in melius* saevas converte querellas.

IV, 24, 18: Vulneraque *ad sanum* nunc coiere mea.

IV, 6, 5: Omnis enim debet *sine vano* nuntius esse.

V, 8, 30: Sobria grata parum: cum bibit, *omne* decet.

Vgl. Holtze, Synt. Lucr., p. 152. — III, 16, 45 *in vanum* ferre; III, 26, 36 *in incertum*... agat; IV, 5, 28 *in plenum* menstrua luna redit.

Damit eng verwandt ist der Gebrauch des Neutrum eines Adjektivs als objectum internum nach einem Verb. Vgl. Draeger I, § 171, 2, S. 387 f.; Holtze, Syn prisc. scrip. I, pp. 189, 237; Schäfler S. 29.

Es kommen bei Properz nur folgende Beispiele vor:

III, 15, 53: nobis, qui nunc *magnum* spiramus amantes.

V, 7, 67: Narrat Hypermnestre *magnum* ausas esse sorores.

Ibid 52: Tergeminusque canis sic mihi *molle* sonet.

I, 5, 30: cogemur... alter in alterius *mutua* flere sinu.

Aber *mutua* ist überall gebräuchlich und ist fast zu einem Adverb geworden.

2. Adjektiv statt eines Adverbs. In einigen Fällen geht Properz über das gewöhnliche Maass hinaus in seinem Gebrauche von Adjektiven statt Adverbien. In dieser Hinsicht verfährt das Griechische viel freier als das Latein Vgl. Schäfler S. 57 ff.; Kühnast S. 56; Kühner, lat. Gr. II, § 63, S. 176; Kübler, de inf. a nom. adj. apto, Berlin, 1861, p. 20 sq.

Wenige Beispiele werden genügen:

IV, 13, 66: Experta est veros *inrita* lingua deos.

I, 6, 12: Ah pereat, siquis *lentus* amare potest!

I, 14, 3, 4: Et modo tam *celeres* mireris currere lintres,
Et modo tam *tardas* funibus ire rates.

3. Adverbium pro attributo. Die Hinzufügung eines Adverbs attributiv zu einem Substantiv ist im Griechischen ganz gewöhnlich und ist natürlich durch den Artikel viel erleichtert. Im Latein dagegen ist dieser Gebrauch eben wegen des Mangels eines Artikels weder geläufig noch stilistisch zu empfehlen, obgleich er in einigen Fällen von den Lateinern mit Erfolg angewendet

worden ist. Dass sie darin nur ihren griechischen Vorbildern gefolgt sind, leuchtet aus dem eben gesagten
ein. Auch stösst die Konstruktion gegen den streng logischen Sinn der Römer an, und sie findet sich öfters
erst bei Livius (Kühnast S. 52) und den Augusteischen
Dichtern Dass die Römer das Adverb gewöhnlich
zwischen das Substantiv und ein vom Substantiv ab-
hängiges Adjektiv oder Genitiv setzten, ist nicht not-
wendig für eine Nachahmung der griechischen Stellung
zwischen Artikel und Substantiv anzusehen, sondern ist
aus einem ganz natürlichen Streben nach Deutlichkeit
hervorgegangen. Vgl. Holtze I, pp. 11 ff.; Draeger I, § 79,
S. 131; Kuttner, „ de Propertii elocutione,“ p. 59.

I, 3. 44: Externo longas *saepe* in amore moras,
= *crebras*. Und ebenso:

IV, 8, 18: Has didici certo *saepe* in amore notas.

III, 22, 4: O *nimis* exitio nata theatra meo!

III, 33, 21: At tu, quae nostro *nimium* placata dolori's;
vgl. Hertzberg ad loc.

I, 2, 17: Idae et cupido *quondam* discordia Phoebo.

IV, 7, 41: *Paullatim* socium jacturam flevit Ulixes.

Es lassen sich natürlich auch andere Stellen anführen, die aber mehr oder minder zweifelhaft sind, wie
zum Beispiel das von Schäfler (S. 63) citierte I, 1, 2 contactum nullis *ante* cupidinibus, wo das *ante* sich ebenso
gut zu *contactum* ziehen lässt als zu *cupidinibus*. Auch
darf man hier der Wortstellung nicht zu viel Gewicht
beilegen wollen, denn die Stellungen von *nullis* und
cupidinibus sind durch die bei den Elegikern und ins-
besondere Properz herrschende Regel bestimmt, wonach
die Plätze an den Enden der beiden Hälften des Penta-
meters von einem Substantiv und dem mit ihm kongruie-
renden Adjektiv eingenommen zu sein pflegen.

Aehnlich ist der adjektivische Gebrauch eines casus
obliquus mit oder ohne Präposition. Dieser ist schon
geläufiger als der eben besprochene, ist sogar in gewissen Fällen, namentlich nach substantiva verbalia
(Holtze I, pp. 12 ff.) zweifellos eine echt lateinische Entwickelung, aber in der freieren Anwendung, die diese
Konstruktion bei den Dichtern fand, hat der griechische
Einfluss sich geltend gemacht. (Für den ähnlichen Gebrauch des Dativs vide S. 15, 16.)

a, Erstens ist in dem Gebrauch von *ex* oder *de* statt
des genitivus partitivus nichts befremdendes: III, 13, 44
jussisset quaevis *de tribus* una soror, und sonst.

b, Auch nicht unerhört ist die Hinzufügung einer
lokalen Bezeichnung (Holtze I, pp. 10 f.; Kühner, lat. Gr. II,
§ 58, *α* u. *β*, S. 163 f.):

> II, 3, 35: . . . tanti *ad Pergama* belli
> Europae atque Asiae causa puella fuit.

> III, 10, 21: caput *in* magnis non est tangere *signis ;*

(= signorum).

> III, 34, 38. Qualis et Adrasti fuerit vocalis Arion
> Tristis *ad* Archemori *funera* victor equus.

Und im übertragenen Sinne:

> I, 13, 20: Tantus erat demens *inter utrosque* furor ;

(= utrorumque).

> III, 34, 27:
> Quid tua Socraticis tibi nunc sapientia *libris*
> Proderit?

> I, 3, 44: . . . . . querebar
> Externo longas saepe *in amore* moras;

und dieselbe Phrase IV, 8, 18; II, 5, 16.

c) *Cum* in dieser Verbindung ist nicht selten

IV, 5, 2: Sat mihi *cum domina* proelia dura mea.
III, 15, 37: Quod mihi si *secum* tales concedere noctes
Illa velit, vitae longus et annus erit.

d) Auffälliger von dem Ursprung, der Herkunft, Zeit,
dem Mittel, etc.:

IV, 9, 1: Maecenas eques Etrusco *de sanguine* regum.
II, 7, 14: Nullus *de* nostro *sanguine* miles erit.
IV, 7, 67 : O centum aequoreae *Nereo genitore*
puellae!*)
V, 10, 41: Genus hic *Brenno* jactabat *ab* ipso.

Vgl. auch V, 6, 37; 9, 9; 10, 9 von der Herkunft.

IV, 1, 36: Meque inter seros laudabit Roma nepotes:
Illum *post cineres* auguror ipse diem.
IV, 14, 18: Hic victor *pugnis,* ille futurus *equis.*
III, 34, 56: Aspice me, cui parva domi fortuna relictast,
Nullus et *antiquo Marte* triumphus avi.
V, 7, 63: Andromedeque et Hypermnestre, *sine*
fraude maritae.
II, 6, 10: Me ʹlaeditʹ tener *in cunis* et *sine voce* puer.

In letzterer Stelle mit lokaler Bestimmung verbunden.

- - ------

*) Hoerle (p. 70) hat diese Stelle übersehen und ist dadurch
zu dem falschen Schluss gekommen, der Dichter habe nie den
Ablativ ohne Präposition in dieser Verbindung gebraucht.

KAPITEL VIII.

—

Subjekt und Prädikat.

1. Subjekt des Passivs. Beim Umwandeln des Aktivs ins Passiv wird bekanntlich im Griechischen der Dativ sehr oft zum Subjekt des Passivs. Vgl. Krüger, gr. Spr. I, § 52, 4, Anm. I, S. 152. Dass dies gelegentlich auch in der consequenteren lateinischen Sprache vorkommt, ist mit Draeger (I, § 99, S. 168) dem griechischen Einfluss zuzuschreiben. Vgl. auch Roby 1421 und 1123.

V, 1, 146: *persuasae* fallere rima sat est.

Persuadere cum accusativo ist zwar altertümlich (Kühner, lat. Gr. II, § 76, 2, S. 229; Draeger I, § 183, 7, S. 405), hier ist aber eher an eine Nachahmung des Griechischen zu denken.

I, 15, 34: saepe mihi *credita perfidiast;*

für a me perfidiae creditum est.

2. Persönliche und unpersönliche Konstruktion verbunden.

III, 13, 55 f.: Illis formosum jacuisse paludibus, illuc
Diceris effusa tu, Venus, isse coma;

d. h. Adonim formosum jacuisse dicitur et tu, Venus, diceris isse, etc. So ein schroffer Uebergang aus der

unpersönlichen Konstruktion in die persönliche mit
Wechsel des Subjekts und der Person des Verbs findet
wohl nur im Griechischen Belege. Vgl. Krüger, gr. Spr. I,
§ 55, 4, Anm. 2, wo angeführt wird Xen. Anab. III, 1, 11
ἔδοξε σκηπτὸς πεσεῖν εἰς τὴν οἰκίαν καὶ ἐκ τούτου λάμπεσθαι
πᾶσαν. Was bei Draeger (II, § 461, S. 457 u. 460) unter
dicitur und *videtur* citiert wird, das ist alles viel einfacher, und die Stellen, die Hertzberg ad loc. angiebt,
haben nur entfernte Aehnlichkeit mit der unsrigen. Das
am nächsten stehende ist Lucr. III, 592 labefacta
videtur ire anima ac toto solvi de corpore mentem
von Postgate citiert. Auch bei Kühnast, S. 236, sind
einige ähnliche Fälle aus Livius. Es sind natürlich
allerlei Korrekturen zu unsrer Stelle vorgeschlagen
worden, von denen aber keine Anerkennung gewonnen
hat, was gewiss ein Beweis der Echtheit der überlieferten
Lesart ist. — Nach einer Lesart würde auch IV, 6, 39,
40 hierher zu zählen sein, aber dort ist Vahlens In-
terpunktion vorzuziehen:

> . . . . . mea. . . mandata reporta,
> Iram, non fraudes esse in amore meo,
> Me quoque consimili impositum torquerier igni :
> Jurabo bis sex integer esse dies;

wodurch *me... torquerier* von *reporta* abhängt und nicht
von *jurabo*.

Aber in III, 29, 35 f.:

> Adparent non ulla toro vestigia presso,
> . . Signa voluptatis, nec jacuisse duos.

haben wir denselben Uebergang aus der persönlichen
Konstruktion in die unpersönliche. Aus *adparent* ist ein
unpersönliches *adparet* zu ziehen, wovon *jacuisse duos*
abhängt.

3. Unregelmässigkeit in der Kongruenz. IV, 9, 17 f.:

> *Est quibus* Eleae concurrit palma quadrigae;
> *Est quibus* in celeres gloria nata pedes.

Für diese harte Uebertragung des griechischen ἔστιν οἵ (wofür vgl. Krüger, gr. Spr. I, § 61, 5, 3) giebt es sonst keinen Beleg.

KAPITEL IX.

—

Tempora und genera verbi.

1. Präsens statt des Perfekts. Es finden sich bei Properz einige eigentümliche Fälle des sogenannten praesens historicum, wo keine eigentliche Repräsentation stattfindet, sondern vielmehr das Verb prägnant ist und einen noch fortdauernden Zustand bezeichnet. Bei Vergil ist diese Konstruktion beliebt. Vgl. Kühner II, § 31, 6, S. 90; Postgate, p. CX f.; Draeger I, § 121, S. 229; Hertzberg *), tom. I, p. 120; und Krüger, gr. Spr. II, § 53, 1, Anm. 3, der Eur. Io 1559 anführt: πέμπει τοῖς λόγοις ἐμὴν φράσαι ὡς ἥδε τίκτει σ᾽ ἐξ Ἀπόλλωνος πατρός. d. h. „hat dich geboren und ist deine Mutter." Ebenso derselbe I, § 53, 1, Anm. 3, und Madvig, griechische Syntax, § 110 a, Anm. 2: ἀδικῶ = ich habe unrecht in dem, was ich gethan habe, — und sonst nicht selten im Griechischen. So zu erklären sind folgende Stellen:

V, 1, 77: Me *creat*. . . Horops.

V, 1. 121: Umbria te notis antiqua penatibus *edit*.

V, 2, 3: Tuscus ego, et Tuscis *orior*.

———

*) Hertzberg aber unterscheidet nicht scharf genug zwischen diesem Gebrauch und dem gewöhnlichen praesens historicum.

V, 4, 54:

  Te toga picta decet, non quem sine matris honore
  Nutrit inhumanae dura papilla lupae.

2. Ein Transitivum intransitiv gebraucht. V, 11, 97:
bene habet = καλῶς ἔχει. Vgl. Draeger I, § 87, S. 140 f.

KAPITEL X.

—

Infinitiv.

1. Infinitivus de consilio. Dieser Infinitiv ist zwar mit Draeger (II, § 433, S. 367 ff.) und Schäfler (S. 68 ff.) für eine einheimische lateinische Konstruktion anzusehen, da er schon im ältesten Latein, sogar bei Cato (Holtze II, p. 31 f.) vorkommt, dennoch ist, da er in der klassischen Prosa völlig verschwindet, seine weitere Entwickelung in den Händen der Dichter gewiss dem griechischen Einfluss zuzuschreiben.

Der sonst ziemlich geläufige Infinitiv mit *dare* steht bei Properz nur IV, 11, 64 est cui cognomen corvus *habere dedit.* (Für III, 22, 18 vgl. S. 37). Nach Verben der Bewegung, also dem Supinum *) auf *um* gleich, steht der Infinitiv I, 1, 12 ibat videre; 6, 33 ibis carpere; 20, 24 processerat quaerere; III, 16, 17 mittit quaerere; V, 1, 71 ruis dicere. Hierher muss man auch zählen I, 16, 11 nec tamen illa suae *revocatur parcere* famae („dazu bewegt, dass sie schont"). Postgate vergleicht Ovid Am. III, 9, 36 *sollicitor* nullos esse *putare* deos.

Ein wenig verschieden II. 1, 41, 42 :

---

*) Das Supinum kommt vor nur III, 29, 27 ibat et hinc castae *narratum* somnia Vestae.

Nec mea *conveniunt* duro praecordia versu,
Caesaris in Phrygios *condere* nomen avos,

wo *versu* Dativ nach *conveniunt* ist, und *condere* die
Folge angiebt, ganz so wie ein griechischer Infinitiv mit
ὥστε. Hertzberg verbindet allerdings *conveniunt* (= paria
sunt, valent) eng mit *condere*, indem er *versu* als Ablativ
konstruiert. *Convenire* ist aber in diesem Sinne nicht
nachzuweisen, und die oben gegebene Erklärung ist
viel natürlicher und einfacher.

2. Infinitiv nach *vinco.* I, 9, 5, 6:

Non me Chaoniae *vincant* in amore columbae
Dicere quos juvenes quaeque puella domet.

Diese Konstruktion ist nicht mit dem Gebrauch von
vinco mit dem accusativus cum infinitivo zu verwechseln
(vgl. Kühner II, S. 1093 unten, der anführt Cic. de or.
I, 10, 43 Peripatetici haec ipsa a se peti vincerent opor-
tere, wo *vincerent* prägnant aufzufassen ist und von
Kühner richtig durch *vincerent dicendo* erklärt wird).
Noch weniger ist etwa an νικᾷ cum infinitivo zu denken,
das stets unpersönlich ist und wobei der Infinitiv das
grammatische Subjekt ist. Vgl. Krüger, gr. Spr. II, § 61,
5, Anm. 4, der Soph. Ant. 233 τέλος γε μέντοι δεῦρ᾽ ἐνίκησεν
ποιεῖν citiert. Auch unmöglich, wenn man nicht eine
sehr kühne constructio ad sensum konstatiert, ist die
Erklärung Kühners (II, § 124, f, S. 492) und Draegers
(II, § 413, 5, S. 305), die *vincant* = „besser können"
verstehen, dabei aber übersehen, erstens, dass *vincant*
in unsrer Stelle ein Objekt bei sich hat, zweitens, dass
Silius Italicus (bei Draeger a. a. O. citiert) das nämliche
Verb im Passiv mit dem Infinitiv verbindet. Nach dieser
Auffassung ist *nulli victus ponere castra* gar nicht zu
übersetzen, im Original nicht einmal zu verstehen, und

hier wie sonst ist Silius als Interpret des Properz her-
anzuziehen. Vielmehr ist auf Verg. Ecl. III, 21 an mihi
cantando victus non redderet ille. . . caprum? zu ver-
weisen, und demnach *dicere* in unserer Stelle für den
griechischen Infinitiv statt des lateinischen Gerundiums
anzusehen *), was auch sonst bei Properz vorkommt
(vgl. S. 38).

3 Infinitiv als Subjekt. Im Gebrauche vom Infinitiv
als Subjekt ist Properz sehr frei verfahren, was selbstverständlich dem griechischen Einfluss zuzuschreiben
ist. Vgl. Kühnast S. 247 f.; Draeger I, § 154, 2, S. 331.

a) Das Prädikat ist ein Verb mit oder ohne Objekt

IV, 14, 30: Nec digitum angusta *est inseruisse* via.

III, 10, 21 : caput in magnis non *est tangere* signis.

Dieser Gebrauch von *est* = *potest* ist dem geläufigen
ἐστι = ἔξεστι ganz gleich. *Est* ist in diesem Sinne in
der archaischen Latinität äusserst selten, ist auch der
klassischen Prosa fremd, bei den Dichtern aber schon
häufiger. Es ist genau zu unterscheiden von *est* = „es
geschieht, kommt vor," in I, 20, 13 ne tibi *sit* montes et
frigida saxa. . . . . *adire*, was sich schon bei Cato
findet. Vgl. Draeger II, § 413, 3, S. 302; Kühner II, § 124, f,
S. 492; Schäfler S. 83.

Weiter:

I, 8, 23: Nec me *deficiet* nautas *rogitare* citatos.

Vgl. Draeger II, § 424, 7, i, S. 339. Reid (bei Postgate
ad loc.) citiert Soph. Oed. Rex 1232 οὐ λείπει τὸ μὴ
οὐ βαρύστον εἶναι. Vgl Tibull IV, 1, 100 tum tibi non

---

*) Vgl. auch Postgate zu unserer Stelle und p. CXV., der aber
doch von der oben aufgestellten Erklärung ein wenig abweicht.

desit faciem *componere* pugnae und ibid. 191 non te *deficient* nostrae *memorare* camenae, was übrigens bei Draeger fehlt. Letztere Stelle ist doch verschieden und ist mit Prop. I, 16, 7, 8 zu vergleichen:

> Et mihi non *desunt* turpes *pendere* corollae
> Semper et exclusi signa *jacere* faces.

Hierzu bemerkt Hertzberg: „Pertinet haec structura ad id attractionis genus, quo subjectum accusativi cum infinitivo verbo finito, ex quo ille infinitivus pendere debebat, subjectivi loco additur, usu Graecis admodum pervulgato (sic λείπει et ἐλλείπει: cf. Matthiae Gr. Gr. § 297, p. 593 sqq.; Bernhardy. Synt., p. 467)."

Ferner:

I, 9, 34: *Dicere* quo pereas saepe in amore *levat.*

V, 5, 29: Et *stimulare* iram pretium *facit.*

In den folgenden ist ein Substantiv mit dem Infinitiv coordiniert:

III, 34, 27, 28:

> Quid tua Socraticis tibi nunc *sapientia* libris
> *Proderit,* aut rerum dicere *posse* vias?

IV, 12, 24-36; 18, 11-14.

b) Das Prädikat ist die Copula mit einem Prädikatsnomen. Draeger II, § 431, S. 350 ff.

III, 24, 40: *Ferre* ego formosam nullum *onus esse* puto

IV, 13, 20: *pudor est* non *licuisse* mori.

II, 1, 47: *laus* in amore *mori.*

III, 10, 1 *tempus lustrare,* und III, 13, 52 *fas* est *amare,* auch in der Prosa häufig.

IV, 9, 9: *Gloria* Lysippo est animosa *effingere* signa.

IV, 13, 27 ff.: Illis *munus erant* decussa *Cydonia* ramo,
> Et *dare* . . . . . canistra, etc.,

wo wieder ein Substantiv mit dem Infinitiv coordiniert ist. I, 1, 20 *labor piare;* 2, 23 *studium conquirere;* V, 1, 17, 19 *cura* fuit *quaerere* . . at *celebrare;* III, 28, 6 *culpa est*. . . . *habuisse* (allerdings mit einem unbedeutenden Anakoluth). In III, 19, 23, 24 haec mihi *sit audacia.* . . *excipere* ist der Infinitiv Appositiv zu *haec.*

Nur einmal, III, 17, 1, 2 *mentiri.* . . *ducere.* . hoc *erit* infectas sanguine *habere* manus haben wir einen zweiten Infinitiv als Prädikatsnomen. Vgl. Draeger II, § 432, S. 366

c) Im Prädikat steht der Genitiv (vgl. Krause. „de Vergilii usurpatione infinitivi,“ Halis Sax. 1878, p. 14; :

V, 10, 24: Vincere Veios *posse laboris erat.*

IV, 6, 20: *Est poenae* servo *rumpere* teste fidem.

I, 6, 13: An mihi *sit tanti* doctas *cognoscere* Athenas Atque. . . *cernere* divitias?

d) Einmal mit einem Adverb in dem Prädikat:

V, 1, 36: Fidenas *longe erat ire* vias.

4. Infinitiv als Objekt. Vgl. Schäffer, S. 70 ff.

III, 22, 18: Unicuique dedit vitium natura creato:
       Mi fortuna aliquid semper *amare* dedit.

Schon aus dem Parallelismus erhellt, dass *aliquid* zu *amare* zu ziehen und *aliquid amare* als Objekt zu *dedit* aufzufassen ist, nicht etwa *aliquid* Objekt zu *dedit* und *amare* erst als infinitivus de consilio hinzugefügt, wie in dem oben (S. 33) besprochenen IV, 11, 64.

5. Infinitiv von einem Substantiv abhängig. Hier kann von Stellen wie I, 1. 28 *sit* modo *libertas* quae velit ira

loqui (vgl. IV, 15, 4) nicht die Rede sein, obgleich wir in der klassischen Prosa statt des Infinitivs den Genitiv des Gerundiums von diesem Substantiv abhängig haben. Denn in unsren Stellen ist *libertas est = licet* und dem gemäss eine leichte constructio ad sensum zu konstatieren. Ganz anders I, 10, 3 o noctem *meminisse* mihi jucunda *voluptas!* womit zu vergleichen ist Cic. Tusc. Disp. V, 41, 118 *voluptas potandi,* von Krause a. a. O. p. 7 citiert.

Ferner:

I, 11, 5: Nostri *cura* subit memores ah *ducere* noctes?

Man merke, dass es sich hier nicht um die alte, schon bei Ennius vorkommende Konstruktion des Infinitivs mit *cura est* (Draeger II, § 431, 1, S. 358) handelt, wo der Infinitiv einfach Subjekt des Verbs ist (vgl. S. 36 f.), sondern dass der Infinitiv, wie in der vorigen Stelle, direkt vom Substantiv abhängt nach Art des griechischen Infinitivs mit τοῖ, wo sonst die Römer den Genitiv des Gerundiums setzen. Vgl. Kühner II, § 132. Anm. 8, S. 554, der anführt Liv. 27, 41, 7 tempus *exsurgendi* ex insidiis et *adgredi* hostem, wo der Infinitiv mit dem Genitiv des Gerundiums coordiniert ist.

6. Infinitiv von einem Adjektiv abhängig. Dass die Konstruktion, worin ein Infinitiv von einem Adjektiv abhängt, dem Griechischen entlehnt ist, wird wohl von niemand bestritten werden. Sie ist den archaischen Schriftstellern fast ganz fremd und wird erst von den Augusteischen Dichtern häufig angewendet. Vgl. Draeger II, § 434, S. 370 ff.; Kühner, lat. Gr. II, § 125, 6 d, S. 504 ff.; Roby 1361; Schäfler S. 85 ft.; Streifinger, „de syntaxi Tibulliana;" Kübler, „de inf. apud Rom. poetas anom. adj. apto," Berlin 1861, pp. 10 sqq. An Beispielen dieser

Konstruktion ist Properz nicht gerade unter den reich-
sten hat aber folgendes:

a) Bei Partizipien ist dieser Gebrauch weniger befremdend:

II, 3, 52: *Cognitus* Iphicli *surripuisse* boves.
II, 3, 20: Par Aganippeae *ludere docta* lyrae.
V, 6, 24: *vincere docta.*
V, 5, 5: *docta mollire.*
V, 8, 22: *Ausa* per inpuros frena *movere* locos.

b) Adjektiva:

audax:

V, 5, 13, 14: Audax cantatae leges *imponere* lunae
Et sua nocturno *fallere* terga lupo.

cupidus:

I, 19, 9: Sed cupidus falsis *attingere* gaudia palmis.
Auch bei Ovid: *avidus* bei Vergil und Ovid.

facilis:

I, 11, 12: Alternae facilis *cedere* lympha manu.
III, 21, 15: Ah nimium faciles aurem *praebere* puellae!
V, 8, 40: Et facilis *spargi* munda sine arte rosa.
Sehr häufig bei andern Dichtern.

inops:

III. 10, 23: inopes laudis *conscendere* culmen.
ἅπαξ εἰρημένον.

lassus:

III, 33, 26: An nondum est talos *mittere* lassa manus?
III, 13, 28: Nec fueris nomen lassa *vocare* meum.
III, 15, 46: Lassa foret crines *solvere* Roma suos.
Nur bei Properz.

nescius :

V, 1, 76: Nescius aerata signa *movere* pila.

I, 16, 20: Nescia furtivas *reddere* mota preces.

V, 4. 68 : Nescia vae furiis *accubuisse* novis.

Es ist zu bemerken, dass in der letzten Stelle *nescius* die gewöhnliche Bedeutung von *nescio* beibehält, also *non sciens*, „nicht wissend, dass“ bedeutet. In den zwei ersten aber heisst *nescius* so viel wie „unfähig.“ Vgl. IV, 15, 44 *nescit* vestra ruens ira referre pedem. Vgl. Krause a. a. O. p. 7.

nobilis :

V, 10, 42 : Nobilis erectis *fundere* gaesa rotis.

Vgl. Draeger II, § 434. 2 f. S. 376 : „Nachdem Properz II, 3. 52 geschrieben hat *cognitus* surripuisse. ist es erklärlich dass er V, 10, 42 auch sagt *nobilis* etc.“ — Auch werden Horaz und Silius für dieses Adjectiv mit dem Infinitiv citiert.

serus :

IV, 5, 35: serus *versare* boves et plaustra Bootes.

KAPITEL XI.

—.

Partizip.

1. Participium futuri de consilio. Der Gebrauch von dem participium futuri, um eine Absicht auszudrücken, ist im Latein nach Kühner (II, § 136, 4 c, S. 569) erst bei Gaius Gracchus nachgewiesen. Jedenfalls ist er ganz spät aufgetreten und ist nur bei Livius und späteren Prosaikern geläufig. Dass er seine Entwickelung im Latein dem Griechischen schuldet, liegt auf der Hand. Vgl. Kühnast S. 267; Draeger II, § 573, S. 775. Properz hat nur folgende Beispiele:

V, 4, 6: Fistula *poturas* ire jubebat oves.

V, 7, 48:   meae conflavit imaginis aurum,
   Ardente e nostro dotem *habitura* rogo.

IV, 15, 40:   . . . . . Dirce
   Ducitur in multis mortem *habitura* locis.

2. Konjunktion mit Partizip. Hierher darf man nicht ziehen wollen Fälle, wo man nur die passende Form von *esse* hinzuzudenken hat, um einen richtigen Neben-satz herzustellen. Für solche ist besonders belehrend I, 8, 37:

 Quamvis magna *daret,* quamvis majora *daturus,*
 Non tamen illa meos fugit avara sinus.

Hier, wie in ähnlichen Fällen, ist nur eine dem Properz sehr geläufige Ellipse von der Kopula anzunehmen und nicht die griechische Verbindung einer Konjunktion mit einem Partizip resp. Adjektiv. Letztere ist aber zu konstatieren V, 11, 84 *ut responsurae* singula verba jace. — Hierher gehört aber nicht, was Lachmann und Hertzberg hierher gezogen wissen wollen, III, 34, 72:

Felix, qui viles pomis mercaris amores!
Huic licet ingratae Tityrus ipse canat.

Licet ist nicht mit *ingratae* zu verbinden, sondern mit *canat*, und bedeutet so viel wie *possit*, denn in diesem Sinne kommt es bei Properz häufig vor. Nun wenn wir *huic = Cynthiae* verstehen, so haben wir den Gegensatz zwischen den beiden Versen völlig hergestellt. Der Sinn ist folgender: Glücklich bist du, der du die Gunst deines Mädchens mit geringen Gaben gewinnst: selbst Tityrus könnte vergebens *(ingratae)* der Cynthia alle die Schätze seiner Sängerkunst spenden. — Für die hier besprochene Konstruktion vgl. Kühnast S. 269; Kühner, lat. Gr. II, § 221, Anm. 3, S. 960 f.; Draeger II, § 592, S. 815.

Anhang.

Hier stelle ich zusammen die wichtigsten, von Properz gebrauchten Konstruktionen, die gewöhnlich aber unrichtig für Gräcismen gelten.

1. Genitiv vom Genitiv abhängig. Dass ein sorgfältiger Schriftsteller die schwerfällige und verwickelte, gelegentlich missverständliche Ausdrucksweise vermeidet, die durch die Abhängigkeit eines Genitivs vom andern entsteht, ist nur zu erwarten, auch braucht kaum darauf hingewiesen zu werden, dass im Griechischen diese Konstruktion wegen des Artikels viel leichter und verständlicher ist als im Latein. Damit wird aber gar nicht gesagt, dass, wo sich eine Anwendung derselben bei den Römern findet, eine Nachahmung des Griechischen zu konstatieren sei, wie Kühnast (S. 70 f.) will. Denn diese Wortfügung ist in allen Sprachen, wenn auch gelegentlich schwerfällig und unbeholfen, dennoch ganz natürlich, ja unter Umständen kaum vermeidbar. Desswegen findet sie sich ziemlich häufig gerade in den rasch geschriebenen und wenig gefeilten Kommentaren des Caesar. Auch bei Livius und Cicero ist sie zahlreich vertreten. Zu den acht bei Hoerle (S. 76) citierten Stellen kommt noch V, 6, 15 Est, *Phoebi* fugiens Athamana ad litora *portus*. . . Actia Juleae pelagus monumenta

carinae. Denn einen viel gerundeteren Satz gewinnen wir, wenn wir mit Lachmann *portus* für den Genitiv halten als Hertzberg, der es für den Nominativ Subjekt zu *est* annimmt. — Vgl. Draeger I, § 205, S. 472 ff.

2. Ebenso wenig ist der doppelte Genitiv von einem Substantiv abhängig für einen Gräcismus zu erklären. Vgl Kühner, lat Gr. II, § 83, Anm. 2, S. 305 f. Solche Fälle sind bei Properz selten. Ausser den beiden bei Hoerle (S. 70) angeführten, kenne ich nur noch IV, 7, 22 Quae notat *Argynni* poena minantis *aquae*. (Ich ziehe hier die Lesart Palmers vor, die von der Ueberlieferung kaum abweicht und einen befriedigenden Sinn giebt.)

3. Prolepsis. Ein Archaismus, der öfters für einen Gräcismus angesehen worden ist (Holtze II, p. 225 unten), ist die sogenannte Prolepsis, wodurch das Subjekt eines Neben-, gewöhnlich Fragesatzes in den Hauptsatz als Objekt des Verbs aufgenommen wird. Auf diese Weise bekommt man ein konkretes Objekt an der Stelle des abstrakten Begriffes, der in dem Nebensatz das eigentliche Objekt bildet. Diese Konstruktion ist demnach aus dem, dem Volke überall eigenen Streben nach dem Konkreten statt des Abstrakten hervorgegangen, und also befremdet es uns nicht, dieselbe bei den Komikern sehr beliebt zu finden. Vgl. Holtze II, pp. 222 ff.; Kühner, lat. Gr. II, § 243, 1 f., S. 1055 ff.; § 127, 10, S. 526 f.; Draeger II, § 470, S. 498 f.; Herzog in Fleckeisens Jahrb. 1873, S. 32. Dass seit der klassischen Zeit diese Wortfügung, nirgends geläufig, bei den Prosaikern ungemein häufiger ist als bei den Dichtern, spricht entschieden gegen die Annahme eines Gräcismus.

Es sind bei Properz folgende Beispiele:

III, 34, 55, 57: Adspice *me* . . ut regnem mixtas
inter conviva puellas.

I, 15, 35: *Hos* [sc. tuos ocellos] tu jurabas, siquid mentita
fuisses,

Ut tibi suppositis exciderent manibus.

Hier nimmt Hoerle *hos* allerdings = *per hos* (vgl. oben,
S. 17 f.). Aber in dem Falle schwebt der Nebensatz in
der Luft. Um ihm einen Halt zu geben, muss man *juro*
in zwei verschiedenen Bedeutungen nehmen, erstens
mit *hos* = zum Zeugen anrufen, zweitens mit *ut exciderent* = verwünschen, was doch zu künstlich und um-
ständlich ist. — In I, 15, 3 adspice *me* quanto rapiat
fortuna periclo ist nur eine dem Properz sehr geläufige
Umstellung zu konstatieren.

4. Mediale Passiva. Da das lateinische Passiv sich
aus einem reflexiven Ausdruck (Kühner I, § 164, S. 439 ff.)
entwickelt hat, und dieser ursprüngliche Sinn in allen
Zeitaltern und in zahlreichen Formen (Draeger I, § 90,
S. 145; Kühner II, § 28, 3, S. 80 f.) erscheint, so sind
diese sogenannten medialen Passiva entschieden nicht
für Gräcismen anzusehen. Properz hat ihrer folgendes:
I, 8, 27 rumpantur; 20, 29 secluditur; III, 22, 16 caeditur;
IV, 8, 12 volvitur; 9, 28 insinuentur; 14, 14 lavatur; 17, 1
advolvimur; 19, 21 venundata (vgl. I, 2, 4 *te* vendere);
V, 8. 5 abripitur.

Hier können zwei ganz sonderbare Umschreibungen
für das Passiv erwähnt werden, erstens das einfache
transitive Aktiv, wie II, 4, 21 Alter saepe uno *mutat*
praecordia verbo für praecordia alterius *mutantur*
(womit II, 5, 13 facile irati verbo mutantur amantes zu
vergleichen ist), und V, 3, 27 Diceris et macie vultum
tenuasse für *tenuatus esse* vultum; und zweitens das

Aktiv mit dem pronomen reflexivum, wie in IV, 9, 15
Phidiacus signo *se* Juppiter *ornat* eburno für *ornatur*.
Ferner:

V, 1, 9: gradibus domus ista Remi *se sustulit*.

V, 9, 56: Interdicta viris metuenda lege piatur

   Quae *se* submota *vindicat* ara casa.

III, 10, 17: Et siqua extremis tellus *se subtrahit* oris.

5. Aoristischer infinitivus perfecti. Es kann hier von
einem Ueberbleibsel oder einer Wiederaufnahme des
längst aus der lateinischen Sprache verschwundenen
Aorists natürlich gar nicht die Rede sein. Aber ebenso
wenig ist an eine Nachahmung. des griechischen Aorists
zu denken. Denn der sogenannte aoristischer infinitivus
perfecti ist einmal eine echt lateinische Entwickelung,
da er sich zahlreich schon im archaischen Latein (Holtze
II, p. 80), sogar in der Sprache der Gesetzgebung findet,
und zweitens hat er überhaupt nicht den Sinn eines
Aorists. Er bleibt immer ein Perfekt und hebt die Vol-
lendung der Handlung hervor. Uebrigens ist Gruppe
zuzugeben, dass zu der Anwendung dieser Konstruktion
bei den Dichtern metrische Bedürfnisse viel beigetragen
haben. Vgl. Roby 1371 ; Kühner II, § 33, 10 und Anm. 5,
S. 101 ff.; Draeger I, § 128, S. 254 ff. ; Kühnast S. 209 f. ;
Schäfler S. 89 f.; Streifinger a. a. O.
Properz hat folgende Stellen:

   a) nach **volo** und **nolo** :

IV, 23, 22: Quis pro divitiis ligna *retenta* velit?

V, 3, 70: Hac ego te sola lege *redisse* velim.

III, 19, 32: Absenti nemo ne *nocuisse* velit.

I, 7, 16: Quod nolim nostros *evoluisse* deos.

   b) nach **possum** :

I, 1, 15 : Ergo velocem potuit *domuisse* puellam.

I, 17, 1 : potui *fugisse* puellam.

III, 16, 3 : Non potuit saxo vitam *posuisse* Cerauno ?

c) nach **juvat** :

IV, 5. 19 f.: Me juvat in prima *coluisse* Helicona juventa,
Musarumque choris *implicuisse* manus.

III. 13, 11 f: Me juvet in gremio doctae *legisse* puellae,
Auribus et puris scripta *probasse* mea.

d) nach **video** :

V, 2, 54 : Vidi ego labentes acies et tela caduca.
Atque hostes turpi terga *dedisse* fugae

III, 16, 50: Vidistis toto sonitus percurrere caelo,
Fulminaque aetheria *desiluisse* domo

V, 11, 65: Vidimus et fratrem sellam *geminasse* cu-
rulem.

e) nach **est** :

IV, 14, 30 : Nec digitum angusta est *inseruisse* via

IV, 9, 43 f.: Inter Callimachi sat erit *placuisse* libellos
Et *cecinisse* modis, Coe poeta, tuis.

Und noch viel anderes liesse sich anführen, denn die
Konstruktion weicht ja im wesentlichen von dem regelmässigen Gebrauch des Perfekts gar nicht ab, und es
ist demnach unmöglich, ihr feste Grenzen zu setzen.

6. Den Indikativ im Nachsatze einer irrealen Beding-
ung sieht Kühnast (S. 226) für einen „unverkennbaren
Gräcismus" an. Das ist er aber entschieden nicht. Er
kommt, allerdings selten, schon in der ältesten Latinität
vor und findet sich zerstreut in allen Zeitaltern, und
zwar geläufiger bei den Prosaikern, z. B. Cicero, als bei
den Dichtern, was bei einem Gräcismus nicht zu erwar-

ten wäre. Dazu kommt, dass in jedem Falle, wo der Indikativ in der Apodasis eines irrealen Bedingungssatzes steht, es die offenbare Absicht des Schriftstellers ist, dadurch die Wirklichkeit der betreffenden Handlung zu betonen. Also ist der Indikativ in diesen Fällen gar nicht dem Konjunktiv gleich, sondern behält streng und logisch seine eigene Bedeutung bei. Endlich ist doch das griechische tempus historicum mit *ἄν* eine ganz andere Form als der lateinische indicativus imperfecti resp. plusquamperfecti. Keinem Römer konnte es einfallen, die Idee in *ἐλάμβανον ἄν* durch *capiebam* wiederzugeben. Vgl. Kühner II, § 215, 3, S. 929 ff. ; Draeger II, § 550, d, S. 725 ff. *) — Ich führe die Properzianischen Stellen an :

II, 3, 34 : Pulcrius hac *fuerat*, Troja, perire tibi.

I, 17, 15 : Nonne *fuit* levius dominae pervincere mores,
Quam sic. . . . litora cernere, etc.?

Das Perfekt ist selten. Vgl. aber IV, 11, 47, 49, wo wir den Indikativ auch im Bedingungssatz haben (vgl. Draeger II, § 550 f, S. 730): quid nunc Tarquinii fractas *juvat* esse secures, . . si mulier *patienda fuit?*

7. Indikativ in indirektem Fragesatz. Kühnast ist im Irrtum, wenn er behauptet (S. 234), der Indikativ in indirektem Fragesatz sei ein entschiedener Gräcismus. Diese Konstruktion findet sich nämlich häufig bei den

---

*) Diese Sätze sucht Lilie (,,Conjunct. Bedingungssatz bei indicat. Hauptsatz im Latein." Berlin 1884, S. 10 ff.) dadurch in seine Kategorien unterzubringen, dass er dem Konjunktiv die Irrealität abspricht und sie nach der Analogie andrer konjunktivischer *si*-Sätze neben indikativischen Hauptsätzen erklärt. Seine Auffassung ist nicht unmöglich, obgleich ziemlich gekünstelt. Einfacher und natürlicher und nicht weniger logisch ist die allgemein geltende Erklärung, die ich beibehalte.

älteren Schriftstellern (Holtze II, pp. 110 ff., pp. 236 ff.), wo sie ohne Zweifel ein Ueberrest der jeder Sprache einheimischen parataktischen Ausdrucksweise ist. Nun sind bei den klassischen und nachklassischen Autoren nur ganz vereinzelte Spuren dieser Konstruktion vorhanden, die auch meistenteils von den Ausgebern beseitigt worden sind. Bei dem kühnen und ja mehrmals das archaische und volkstümliche wieder aufnehmenden Properz ist diese Satzfügung für eine Entlehnung der Sprache der Komiker und des Volkes anzusehen. Denn die wunderbare Mischung beider Modi in IV, 5, 25 ff. erinnert gar nicht an den regelmässigen griechischen Indikativ, wohl aber an die bequeme und über die strenge Konsequenz sich gelegentlich wenig kümmernde Sprache des Plautus, welche auch wohl mit der Volkssprache der Augusteischen Zeit viel gemeines hatte. Vgl. Draeger II, § 463 und besonders § 464, S. 474 f.; Kühner II, § 227, 9, S. 995; Wolff, „de enunc. interr. apud Cat. Tib. Prop.,“ Halis Sax. 1883, pp. 36 ff.

Ich lasse alle Stellen bei Seite, wo es keine Schwierigkeit bereitet, die betreffende Frage als eine direkte aufzufassen, z. B. V, 3, 23 dic mihi, num teneros urit lorica lacertos? oder als Ausruf: I, 17, 6 Adspice, quam saevas increpat aura minas!

Es ist nun folgendes hierher zu ziehen:

III, 16, 29: Adspice quid donis Eriphyla *invenit* amaris,
Arserit et quantis nupta Creusa malis.

III, 30, 29; IV, 5, 25 ff.; III, 34, 36, 53, 78.

In V, 8, 74 accipe quae nostrae formula legis erit ist ein Relativsatz mit Umstellung des Beziehungswortes zu konstatieren. Ebenso IV, 19, 17 f.